¿Quién fue
el rey Tut?

¿Quién fue
el rey Tut?

Roberta Edwards
Ilustraciones de True Kelley

loqueleo

SANTILLANA USA

Para Judy Donnelly
R.E.

Para Charlotte y Eloise Lindblom
T.K.

loqueleo

Título original: *Who Was King Tut?*
© Del texto: 2006, Grosset and Dunlap
© De las ilustraciones: 2006, True Kelley
© De la ilustración de portada: 2006, Nancy Harrison
Todos los derechos reservados.
Publicado en español con la autorización de Grosset & Dunlap, una división
de Penguin Young Readers Group

© De esta edición:
2019 by Vista Higher Learning, Inc.
500 Boylston Street, Suite 620.
Boston, MA 02116-3736
www.vistahigherlearning.com

Loqueleo es un sello editorial de **Santillana**. Estas son sus sedes:

ARGENTINA, BOLIVIA, CHILE, COLOMBIA, COSTA RICA, ECUADOR, EL SALVADOR,
ESPAÑA, ESTADOS UNIDOS, GUATEMALA, MÉXICO, PANAMÁ, PARAGUAY, PERÚ,
PUERTO RICO, REPÚBLICA DOMINICANA, URUGUAY Y VENEZUELA.

¿Quién fue el rey Tut?
ISBN: 978-1-63113-845-4

3 4 5 6 7 8 9 GP 24 23 22

Índice

¿Quién fue
el rey Tut?

La "fiebre del faraón" afectó a todo el estado de California en junio de 2005. En tan sólo un mes, medio millón de personas acudieron al Museo de Arte del Condado de Los Ángeles. Querían ver las deslumbrantes joyas y otros artefactos que una vez pertenecieron a un rey de Egipto.

Hicieron fila durante horas para poder ver preciosos muebles y lámparas, instrumentos musicales y juegos de mesa. Llegaron tantos visitantes, que el museo tuvo que mantener sus puertas abiertas hasta las once de la noche.

Había una pequeña silla que el rey usó de niño. Había un carruaje que usaba para transportarse. Había un sofá con la forma de dos vacas, de las que tienen manchas. También estaban en la exhibición los ataúdes en los que se guardó su cuerpo. Uno era completamente de oro. En total, eran unos 125 objetos, incluyendo abanicos, floreros, sillas plegables y ropa.

Muchas de estas cosas se veían como nuevas, pero en realidad no lo eran. Tenían más de tres mil años de antigüedad. Estuvieron escondidas durante todo ese tiempo bajo la arena del desierto egipcio, en una tumba secreta.

A comienzos del siglo XX, un hombre llamado Howard Carter dedicó años a buscar la tumba. Carter sabía el nombre del rey: Tutankamón. Y creía saber dónde había sido sepultado. Por fin, en 1922, cuando estaba a punto de rendirse, la encontró.

El descubrimiento fue anunciado con grandes titulares en las noticias de todo el mundo. Nunca antes se había oído hablar del rey Tutankamón. De repente, todos sabían su nombre. Comenzaron a llamarlo "rey Tut" para abreviarlo.

En la actualidad, el rey Tut es probablemente el más famoso de todos los faraones. Sin embargo, no fue en realidad un gobernante importante ni poderoso. Fue faraón por tan sólo nueve años. Sabemos que se casó, pero ni siquiera sabemos si tuvo hijos.

Tut murió muy joven: tenía 18 ó 19 años de edad. Y la causa de su muerte sigue siendo un misterio. Algunos historiadores creen que pudo haber sido asesinado.

Resulta extraño que Tut se haya vuelto famoso por las cosas que se sepultaron con su cuerpo. Lo que sucede es que todos los hermosos artefactos hallados en su tumba son muy importantes. Nos dan información acerca de cómo era la vida en el antiguo Egipto, y además nos dan una idea de quién fue el rey Tut.

Capítulo 1
Los regalos del Nilo

Cuando Tut nació, alrededor del año 1343 a.C., Egipto ya era un país viejo. Se había fundado casi 2,000 años atrás, para ser más exactos.

El imperio egipcio se extendía a lo largo de la costa norte de África, frente al mar Mediterráneo. Era una tierra desértica de colinas peladas que el sol azotaba durante todo el año. Había muy pocos árboles, y casi nunca llovía.

Sin embargo, el corazón del antiguo Egipto era un río, el Nilo, que atraviesa Egipto de sur a norte y divide el país en dos. Con más de 4,000 millas de longitud, el Nilo es el río más largo del mundo.

A lo largo de las riberas del Nilo había ricas tierras de cultivo. Campesinos agricultores labraban sus campos con arados tirados por bueyes. Sembraban trigo y verduras. Criaban cerdos, cabras y ovejas. Tenían plantaciones de árboles frutales y cultivaban uvas. El río además les daba peces para pescar y patos para cazar. Durante las temporadas anuales de inundación, los agricultores no podían trabajar durante

varias semanas. ¡El río hasta les daba "vacaciones" a los egipcios!

El Nilo era la "carretera" por donde se transportaban mercancías de ciudad en ciudad. Arcilla del

lodo del río se usaba para construir casas. Cerca del río florecieron todas las grandes ciudades, como Tebas y Menfis. La antigua Menfis fue probablemente la primera ciudad del mundo en tener un millón de habitantes.

Grandes bloques de piedra de canteras aledañas se transportaron por el río en barcazas. Con ellas se construyeron grandes templos y estatuas, algunos de los cuales todavía están en pie.

El río era el alma de la gente. Sin el Nilo no habría existido el antiguo Egipto. Todo habría sido tan sólo un desierto. Claro que el desierto también fue importante. Protegía a los egipcios, porque dificultaba los ataques enemigos. Éstos tenían que atravesar millas y millas de arena, soportando un calor abrasador.

Llegó un momento en que el imperio se extendía desde lo que hoy es Egipto hacia el sur hasta donde ahora está Etiopía; hacia el este, hasta la península del Sinaí; y hacia el norte, hasta donde ahora están Líbano y Turquía.

De esas tierras llegaban productos muy valiosos como el marfil, las pieles, el oro y la madera de cedro.

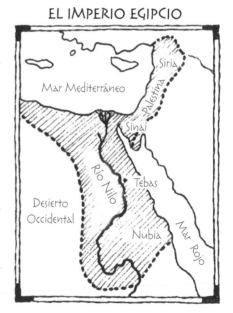

EL IMPERIO EGIPCIO

Mar Mediterráneo

Siria

Palestina

Sinaí

Río Nilo

Tebas

Desierto Occidental

Nubia

Mar Rojo

Pero, a pesar del crecimiento del imperio, el modo de vida de los egipcios se mantuvo casi intacto. Los egipcios no adoptaron las costumbres ni el arte de otros pueblos. Por miles de años, ni siquiera cambiaron mucho sus creencias.

Por ejemplo, el gobernante era el faraón. La palabra se usaba originalmente para referirse a "la gran casa" donde vivía el rey. Con el tiempo, llegó a aplicarse al rey mismo. El faraón además era el principal sacerdote y juez. Era considerado hijo de los dioses. Al morir, se convertía en un dios, y el pueblo lo adoraba como tal. Nadie sabe con exactitud en qué día del año 1343 a.C. nació Tut.

LAS CORONAS DEL FARAÓN

¿Quiénes fueron sus padres? Ni siquiera eso se sabe con certeza. Lo más probable es que su padre haya sido el faraón Amenhotep IV. Los faraones tenían varias esposas. Es posible que la madre de Tut haya sido una de las esposas menos importantes de Amenhotep.

Tut se casó antes de cumplir los 10 años de edad. Su esposa era una de las hijas del faraón. Se llamaba Ankesenamón. Tut se convirtió en el rey a esta corta edad porque su padre murió. Tut usaba las enormes coronas del faraón. Como todos los faraones, se ponía una barba falsa que se sujetaba a su mentón con correas. Llevaba siempre un cayado y un mayal (parecido a un látigo). Eran los símbolos de su poder. Pero, ¿en realidad tenía poder? No. Apenas era un niño.

mayal

barba falsa

cayado

Capítulo 2
Un padre poco común

De todos los faraones que gobernaron Egipto, el padre de Tut debió ser uno de los más extraños.

En primer lugar, tenía una apariencia peculiar. La cabeza de Amenhotep tenía una forma rara: era muy alargada y angosta. Y sus caderas eran demasiado grandes para un hombre. Algunos historiadores creen que Amenhotep era así porque padecía una extraña enfermedad.

A pesar de su apariencia, Amenhotep se casó con una bella reina. Dos museos, uno en El Cairo y otro en Berlín, tienen en exhibición un busto de ella. (Un busto es una escultura que muestra sólo los hombros y la cabeza de una persona.) Se llamaba Nefertiti.

Amenhotep

Nefertiti

A pesar de que no era de sangre real, Nefertiti parecía toda una reina.

Nefertiti se convirtió en la esposa principal del faraón. En el antiguo Egipto, las mujeres no tenían los mismos derechos que los hombres. Por ejemplo, no asistían a la escuela. Pero Nefertiti era una mujer poderosa. Era uno de los consejeros más importantes de su esposo.

Le dio su apoyo cuando el faraón decidió hacer cambios. Grandes cambios.

Una mujer faraón

A pesar de que en el antiguo Egipto no existía la igualdad entre hombres y mujeres, en el año 1504 a.C. una mujer se convirtió en faraón. Se llamaba Hatshepsut. Llegó al poder después de la muerte inesperada del faraón, quien dejó sólo un hijo aún muy pequeño (Tutmosis III).

Casi todo lo que hoy sabemos sobre Hatshepsut viene de representaciones de ella en objetos de arte. Al comienzo la mostraban con la ropa típica de cualquier mujer egipcia, pero en otras obras hechas más tarde aparece luciendo la corona e incluso la barba falsa del faraón. Hatshepsut inició muchos grandes proyectos de construcción, pero después de su muerte, en 1450 a.C., Tutmosis III se convirtió en faraón e hizo lo que pudo para borrar todo su historial.

¿Qué clase de cambios hizo Amenhotep?

Por un lado, decidió cambiar la religión. Por cientos y cientos de años, los egipcios habían adorado a muchos dioses y diosas. Algunos tenían forma humana. Algunos parecían animales. Otros tenían cabeza de animal y cuerpo de humano.

Uno de ellos era Tot, el dios de la luna. Otro, Anubis, era el guardián de los cementerios. Isis era la diosa que protegía a los niños.

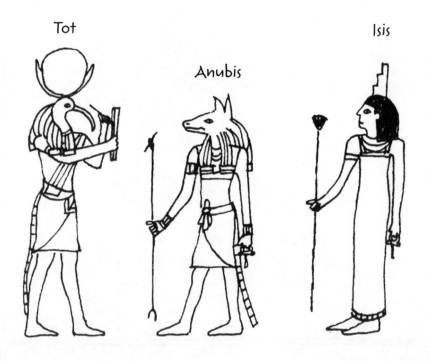

Tot

Anubis

Isis

En total, había unos 1,000 dioses. Algunos eran sólo venerados en pueblos específicos, pero los más importantes tenían enormes templos levantados en su honor. La gente podía ir a estos templos a orar para pedir la ayuda de los dioses. (A los ciudadanos comunes, sin embargo, no se les permitía entrar.)

Templo de Hatshepsut

El más importante de todos los dioses se llamaba Amón-Ra, y era el dios del sol. Aparecía con forma humana. Cruzaba el cielo todos los días en su carruaje.

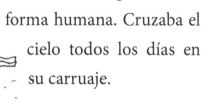

DIOSES Y DIOSAS

ISIS, OSIRIS, HORUS Y SET ERAN TAMBIÉN DIOSES MUY PODEROSOS. LOS CUATRO APARECEN EN EL MITO QUE CUENTA CÓMO COMENZÓ LA VIDA EN LA TIERRA Y EN EL MUNDO DE LOS MUERTOS. CUENTA EL MITO QUE OSIRIS E ISIS ERAN EL REY Y LA REINA DE LA TIERRA. TENÍAN UN HIJO LLAMADO HORUS.

Isis   Osiris   Horus   Set

los padres ⟶ el hijo ⟶ el tío

PERO SET, EL HERMANO DE OSIRIS, LES TENÍA ENVIDIA Y QUERÍA GOBERNAR LA TIERRA. ENTONCES, MATÓ A OSIRIS Y LO ENVIÓ AL MUNDO DE LOS MUERTOS. SIN EMBARGO, EL HIJO DE OSIRIS (HORUS) LE ARREBATÓ EL PODER A SU TÍO Y SE CONVIRTIÓ EN EL REY DE LA TIERRA. SU PADRE, OSIRIS, SE CONVIRTIÓ ENTONCES EN EL REY DEL MUNDO DE LOS MUERTOS.

A SET SE LO REPRESENTA CON LA CABEZA DE UN ANIMAL IMAGINARIO PARECIDO A UN GALGO. ERA EL REY DEL DESIERTO.

Osiris, dios de los muertos, siempre aparece envuelto como una momia.

De Isis se decía que protegía a los niños y los necesitados.

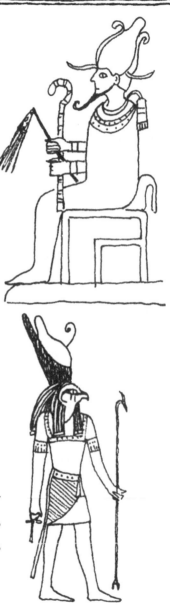

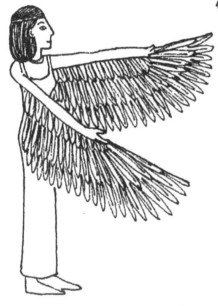

Horus tenía cabeza de halcón y era el dios del cielo. Los egipcios creían que todos los faraones eran hijos de Horus.

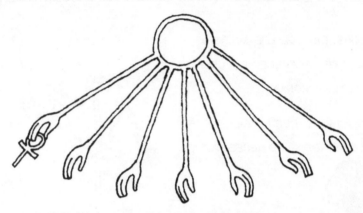

Amenhotep decidió eliminar a tantos dioses y diosas. En adelante, habría sólo un dios, que también era dios del sol. Pero no se aparecería con forma humana, como Amón-Ra, sino como un disco solar con algunos rayos proyectados hacia fuera. Al final de cada rayo había una mano. Las manos significaban que este dios protegía a los egipcios. El nombre del nuevo dios era Atón.

El faraón creía que él era el mensajero de Atón en la Tierra. La única forma en que la gente podía llegar al dios era a través de él.

Amenhotep se deshizo de todos los sacerdotes que servían a otros dioses. El dinero de sus templos ahora iba para Atón. Amenhotep cambió su nombre, a Akhenatón, que significa "servidor de Atón". La reina también cambió su nombre (a Nefernefruaten, según piensan los científicos). Este nuevo nombre quiere decir "justa es la diosa de Atón".

La familia real dejó la ciudad de Tebas. Se construyó una nueva capital a la que llamaron Amarna. Fue allí donde transcurrió la infancia de Tut. Tut creció aprendiendo las nuevas creencias.

La ciudad de Amarna se extendía 8 millas a cada lado del Nilo. Aquí, nuevamente, Amenhotep, hizo algo diferente.

Con frecuencia, era en las tierras al occidente del río donde se enterraba a los muertos. ¿Por qué? Porque el sol se pone todas las tardes por el oeste. De la misma manera como la puesta de sol da por terminado el día, la muerte pone fin a la vida. Por eso los muertos se enterraban en las tierras occidentales. Pero Amenhotep decidió hacer todo lo contrario en la nueva ciudad. Se construyó un cementerio al este del río. El pueblo vivía en la parte occidental de la ciudad. Se levantaron nuevas casas y palacios, al igual que nuevos templos, dedicados todos a Atón.

Antes, en los templos había largos pasillos que conducían a habitaciones interiores oscuras, que eran el sitio de oración de los sacerdotes. Los nuevos templos de Atón eran edificios abiertos que dejaban entrar la luz divina del sol.

El faraón también quería cambiar el estilo de las pinturas. En el viejo estilo, había muchas normas que los artistas debían seguir. Por ejemplo, las personas siempre se pintaban de lado, la cabeza de perfil con un ojo mirando al observador. Los rostros siempre eran jóvenes y perfectos. ¡Nada de arrugas ni canas! Los dos hombros iban siempre hacia el frente, pero el torso tenía que mostrarse de perfil. Una pierna se colocaba siempre frente a la otra. Estas pinturas eran por lo general muy bellas, pero las personas en ellas nunca lucían naturales ni tridimensionales.

¿Por qué los artistas tenían que seguir tantas normas? Los antiguos egipcios creían que la pintura de una persona muerta podía llegar a cobrar vida. Por eso tenía que incluir todas las partes del cuerpo. No se podía omitir ni un brazo, ni una pierna. Además, muy seguramente a la persona le gustaría verse como cuando era joven y saludable, en lugar de vieja o enferma.

Pero Amenhotep decidió cambiar las normas. Quería que lo dibujaran como él era en realidad, con su cabeza alargada y sus ojos rasgados.

También quería que las personas de las pinturas lucieran más naturales, no tan formales. Una de las pinturas de su época muestra a Amenhotep y a su esposa jugando cariñosamente con tres de sus seis hijas. Nunca antes se había pintado una escena así.

El ojo de Horus
mantiene alejada la maldad.

Sin embargo, los cambios no duraron mucho tiempo. Se abandonaron poco después de la muerte de Amenhotep. (Amenhotep gobernó durante unos 16 años.) La nueva ciudad de Amarna quedó desierta muy pronto. Se volvió a las viejas costumbres.

Con seguridad fueron tiempos de mucha confusión para todo el país. Cuando la gente ya se estaba acostumbrando a todos los cambios, se les ordenó que los olvidaran. Aunque Tut hubiera sido ya un adulto, de todas maneras hubiera sido difícil para él convertirse en el faraón.

Capítulo 3
El rey niño

A pesar de todo, crecer en el antiguo Egipto era todo un placer, especialmente para los niños que pertenecían a la familia real. Tut nació siendo príncipe. Pasó su niñez en un palacio recién construido, en Amarna.

Los palacios egipcios era enormes. Por todos lados había bellos jardines y gigantescas piscinas, del

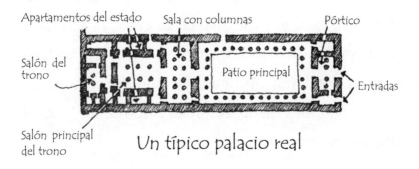

Apartamentos del estado   Sala con columnas   Pórtico

Salón del trono

Patio principal

Entradas

Salón principal del trono

Un típico palacio real

El mismo palacio visto desde afuera

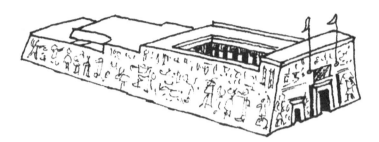

tamaño de un lago. Los edificios de los palacios se construían en ladrillo cubierto de yeso. En las paredes había coloridas pinturas. Cada una de las esposas del faraón vivía en un edificio independiente.

Había sirvientes que se ocupaban de todas las necesidades de Tut. Le traían la comida a diario. Mientras que los campesinos comían pan y bebían cerveza, al príncipe le servían carne y verduras, higos y dátiles. El vino se hacía con uvas del norte de Egipto, o con dátiles, higos o granadas.

Al parecer, el pequeño Tut era de los que dejan el plato limpio. Una pequeña estatua de Tut lo muestra como un niño rollizo con barriga y brazos regordetes.

Sus sirvientes además lo bañaban y lo vestían. Le afeitaban la cabeza, dejándole sólo un mechón de cabello trenzado a un lado. Era el peinado de los

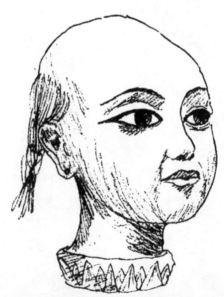

príncipes. Mientras dormía, lo abanicaban con abanico de plumas de avestruz, para que el calor no perturbara su descanso.

En el río Nilo había cocodrilos. Por eso siempre había guardias vigilando los alrededores mientras el príncipe Tut nadaba. Cuando creció, tuvo su propia carroza tirada por dos caballos de raza adornados con penachos de plumas. O también podía disfrutar de un paseo en bote por el Nilo.

Salía de caza con sus sabuesos, llevando su arco y su flecha. En el desierto, cazaba avestruces, y cerca del río, patos. Parece que le gustaba un juego de mesa muy popular que se llamaba Senet. (Ordenó que le pusieran cuatro de estos juegos en su tumba.)

¿Le gustaba tocar música? Quizás sí, pues en su tumba también se hallaron trompetas.

Tenía músicos que tocarían para él en caso de que él no lo hiciera. Tocarían el arpa, el laúd y la flauta.

A causa del calor, hasta los príncipes y las princesas usaban ropa ligera y sencilla. En algunas pinturas se ve a Tutankamón con faldas plisadas de lino blanco.

Aunque su ropa era simple, sus joyas no lo eran. Se ponía pulseras y anillos de oro macizo. Algunos de sus collares de cuentas y oro eran tan grandes que le cubrían todo el pecho. Su esposa usaba joyas pesadas y hermosas, al igual que los niños de la realeza. Los jovencitos se ponían aretes pesados. (En la tumba de Tut se encontraron dos pares suyos.)

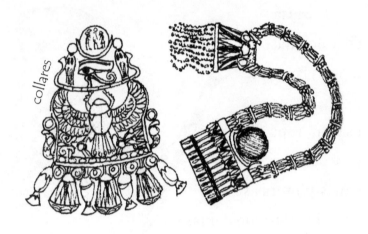

collares

En el antiguo Egipto fue donde se desarrolló por primera vez un lenguaje escrito. Los varones aprendían a leer y a escribir a partir de los cuatro años. ¿Sabía Tut leer y escribir? Probablemente sí, pues en su tumba había instrumentos para escribir. Había, por ejemplo, un hermoso estuche para pinceles hecho de madera recubierta de oro y piedras preciosas. En caso de que a Tut no le gustara escribir, podía tener un escriba que lo hiciera por él. El trabajo de un escriba consistía en escribir todas las órdenes y cartas del faraón.

Los egipcios no tenían lápices ni bolígrafos. Tomaban un junco y lo mordían por un extremo. Cuando la punta se partía, servía como pincel. Usaban tinta negra hecha de hollín o carbón. Venía en pequeños bloques. Había que humedecer el pincel en agua y luego pasarlo por el bloque de tinta.

Paleta portátil de un escriba

Espacio para la tinta

Pinceles hechos de juncos

Los egipcios fabricaban un tipo de papel grueso con las plantas de papiro que había en las riberas del Nilo. (La palabra "papel" viene de "papiro".) Se cortaba el tallo de la planta en tiras largas. Las tiras se colocaban en dos capas, cruzadas, y se aplastaban con un martillo. Cuando les salía todo el jugo, las dos capas formaban una sola hoja, que se ponía debajo de una pesada piedra hasta que se secaba y se alisaba completamente. Al final, restregaban hacia un lado y otro la hoja de papiro con una piedra para suavizarla.

En lugar de encuadernar hojas de papiro para hacer libros, las hojas se enrollaban. Este papel es muy resistente. Se han encontrado rollos de miles de años de antigüedad que todavía están en buen estado. Además, era muy fácil borrar en un papiro. Bastaba un toque con un paño mojado para eliminar los errores.

De niño, es probable que Tut haya cometido muchos errores mientras aprendía a escribir. Nuestro abecedario no tiene sino 29 letras, mientras que

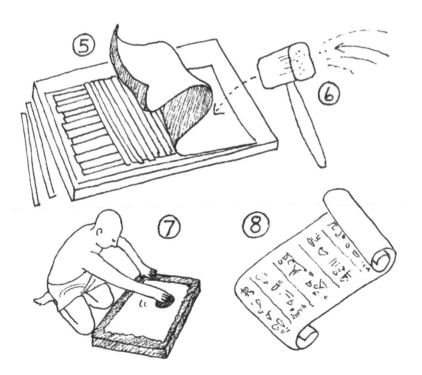

en el suyo había unos mil símbolos diferentes que se llamaban "jeroglíficos". Muchos de ellos parecen dibujos en vez de letras.

Luego de la caída del imperio egipcio, se perdió durante varios siglos el significado de los jeroglíficos. Nadie podía traducir las escrituras egipcias. Eran como códigos secretos indescifrables.

En 1822, el francés Jean-François Champollion finalmente descubrió cómo descifrar (o traducir) los jeroglíficos. Muchos de los objetos hallados en la tumba de Tut llevan inscrito su nombre en jeroglíficos. Así es como se ve:

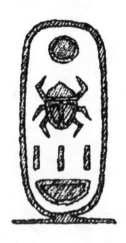

JEROGLÍFICOS

Un abecedario:

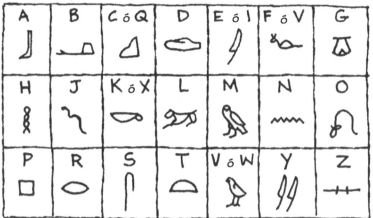

Dibujos de palabras:

La piedra de Rosetta

De no ser por un afortunado accidente, el significado de los jeroglíficos podría todavía ser un misterio. En 1799, unos soldados franceses encontraron una enorme piedra negra, llamada basalto, que tenía grabadas inscripciones en tres tipos de escritura: jeroglíficos, griego y caracteres "demóticos".

La piedra había sido grabada en el año 196 a.C. en honor al faraón Ptolomeo V. Los tres idiomas se usaban en aquella época, de manera que todo el que la veía la podía leer.

En el siglo XIX, nadie sabía cómo leer jeroglíficos, pero al tener el mismo texto en griego y en caracteres demóticos, se podía crear un código para descifrar los jeroglíficos. Jean-François Champollion finalmente comprendió las reglas básicas de los jeroglíficos, ¡después de estudiar la piedra durante 14 años! Por fin, después de casi 1,500 años de silencio, se pudo "escuchar" el idioma del antiguo Egipto.

La piedra se llama la piedra de Rosetta en honor al pueblo donde la encontraron. Hoy está en el Museo Británico de Londres.

Jean-François
Champollion

Jeroglíficos

Caracteres
demóticos

Griego

Capítulo 4
Una muerte prematura

Durante los 16 años que duró el reinado de Amenhotep, el imperio no estuvo libre de problemas. Los pueblos que vivían en los dominios de Egipto tenían que pagar un tributo. Esto significaba que una vez al año tenían que enviarle riquezas al faraón. Por ejemplo, desde Nubia, que estaba al sur, llegaba oro. Líbano tenía que enviar madera de cedro. Pero el ejército egipcio se había debilitado, y por ello los tributos habían dejado de llegar.

Luego, murió Amenhotep IV, y el nuevo rey, Tut, era apenas un niño. ¿De qué manera podría Tut fortalecer de nuevo el imperio?

El poder en realidad estaba en manos de su visir, o primer ministro, y de uno de los generales del ejército. Tut era el gobernante sólo de nombre, y figuraba en ceremonias y celebraciones importantes.

Si Tut no hubiera muerto en su adolescencia, quizás se hubiera convertido en un gobernante fuerte y sabio. O quizás, hubiera vivido para siempre dominado por sus consejeros.

Es probable que tuvieran miedo de que Tut, con más poder, tratara de revivir las extrañas costumbres y normas de Amenhotep IV. Ya los templos de los antiguos dioses se habían vuelto a abrir, y Tebas era nuevamente la ciudad real. Tut y su reina se mudaron de Amarna a Tebas. Es probable que hayan tenido hijos. En la tumba de Tut, junto a su ataúd, se encontraron otros dos ataúdes pequeños. En ellos se hallaron los cuerpos de dos niñas. Es posible que fueran hijas de Tut.

El rey Tut
y su esposa

Lo que sí sabemos es que no dejó un hijo varón que heredara el trono después de su muerte. También sabemos que murió muy joven, incluso para una época en la que la mayoría de la gente no llegaba a los 40 años. Tut tenía apenas 18 ó 19 años cuando murió.

Algunos historiadores piensan que detrás de su muerte hubo juego sucio. Quizás el visir o el general decidieron deshacerse de él. Ambos se convirtieron en faraones después de la muerte de Tut, pues se casaron con mujeres de la familia real.

Lo que se dijo en nuestra época es que Tut murió de un golpe en la cabeza. Sin embargo, en el año 2005 se le hizo una tomografía computarizada al cuerpo del faraón, de más de 3,000 años de antigüedad. Durante dos meses estuvieron tomando imágenes de su cuerpo en secciones transversales. (Imagina el cuerpo de Tut como un pan cortado en delgadas tajadas.) Cuando se ensamblaron todas las imágenes, construyeron una imagen tridimensional del cuerpo del faraón, por dentro y por fuera.

¿Y qué fue lo que descubrieron? El cuerpo sí parecía tener una lesión en la cabeza, pero ésta no ocurrió en vida. Es probable que el cráneo de Tut se haya roto cuando se halló su momia, en 1922. Así que ésta no fue la causa de su muerte. Sin embargo, las pruebas no sirvieron para descartar otros posibles métodos de homicidio. Por ejemplo, no se puede saber si lo envenenaron, pues las imágenes no pueden mostrar evidencias de envenenamiento.

Los científicos también descubrieron que Tut tenía una pierna rota. Es posible que esta lesión haya causado una infección que lo haya llevado a la muerte.

Ya han dejado de hacerle pruebas al cuerpo de Tut. Probablemente, no es necesario seguir examinándolo. El científico que dirigió los estudios dijo en un momento: "Debemos dejarlo en paz." Entonces, colocaron a Tut en su ataúd y lo regresaron a su sepultura.

Capítulo 5
Vida después de la muerte

Tut, por supuesto, no tenía manera de saber que iba a morir joven. Sin embargo, ya había comenzado a planear la construcción de su tumba cuando murió.

¿Por qué?

Los antiguos egipcios creían que había vida después de la muerte. Creían que esa vida era muy parecida a la vida en la tierra... ¡Incluso mejor!

El viaje a la Tierra de los Muertos era difícil. No a todos se les permitía vivir allí. Los egipcios tenían un libro especial, llamado *El libro de los muertos*, que contenía hechizos mágicos para ayudar a la gente a encontrar la Tierra de los Muertos.

El libro de los muertos

Después de la muerte, el espíritu de una persona deseaba llegar a la Tierra de los Muertos. Se creía que un libro con poderosos hechizos y cánticos servía de guía a los muertos durante dicho viaje. A este libro mágico se le conoce como "El libro de los muertos". Con el tiempo, se fueron añadiedo hechizos al libro, hasta que llegó a tener alrededor de 200. Cualquiera que tuviera con qué comprarlo podía adquirirlo. Solía estar ilustrado a color, y una copia se colocaba dentro del ataúd o se copiaban algunos hechizos en las paredes de la tumba.

Osiris · Una piscina rodeada de árboles · Un escriba · Su esposa

Dibujo en un papiro de unas personas alabando a Osiris en su jardín.

EN EL CAPÍTULO MÁS IMPORTANTE DEL LIBRO SE DESCRIBÍA EL RITUAL EN EL QUE SE PESABA EL CORAZÓN DEL MUERTO.

El muerto   Anubis   El corazón del muerto   El monstruo   La pluma de la verdad

Si el muerto había mentido alguna vez, el monstruo se comería su corazón y la persona no podría ingresar a la vida después de la muerte.

Todo el mundo, incluido el faraón, tenía que pasar una prueba. En el mundo de los muertos, el corazón del muerto se ponía en uno de los platillos de una balanza. En el otro, se colocaba una pluma. Si la persona había sido buena, su corazón era más liviano que la pluma. La persona podía, entonces, entrar a la Tierra de los Muertos.

En la Tierra de los Muertos, el espíritu continuaba disfrutando los mismos placeres que en vida, como comer, beber, cazar, jugar, pasear en bote, etc.

Las tumbas eran más que lugares de reposo para el cuerpo. Eran como otro hogar, equipadas con todo lo que la persona podría necesitar en la otra vida.

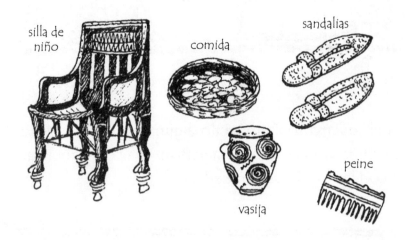

silla de niño

comida

sandalias

vasija

peine

Obviamente, los campesinos pobres no tenían muchas pertenencias. Tampoco podían darse el lujo de tener grandes tumbas. Con frecuencia, los pobres eran simplemente enterrados en la arena. Pero la tumba de un miembro de la realeza podía llegar a tener varias habitaciones, todas llenas de tesoros.

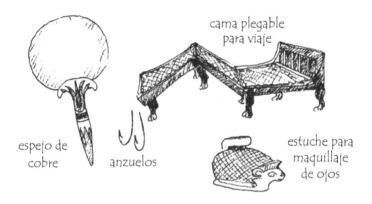

cama plegable para viaje

espejo de cobre

anzuelos

estuche para maquillaje de ojos

La tumba de Tut era pequeña, comparada con las de otros faraones. Sólo tenía cuatro habitaciones. Quizás es así porque se había construido para otra persona, tal vez algún miembro de la corte. Cuando Tut murió, su propia tumba, mucho más grande, no estaba aún lista. Por eso no hubo más remedio que enterrarlo en otro lugar.

Las más grandes tumbas de faraones que se conocen son las tres pirámides de Giza. Allí también está la enorme estatua de la Esfinge, vigilando las tres pirámides.

Estas pirámides se construyeron mucho antes, más de mil años antes de que existiera Tut.

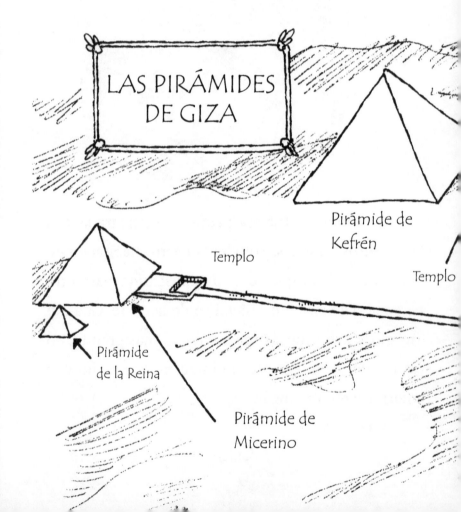

LAS PIRÁMIDES DE GIZA

Pirámide de Kefrén

Templo

Templo

Pirámide de la Reina

Pirámide de Micerino

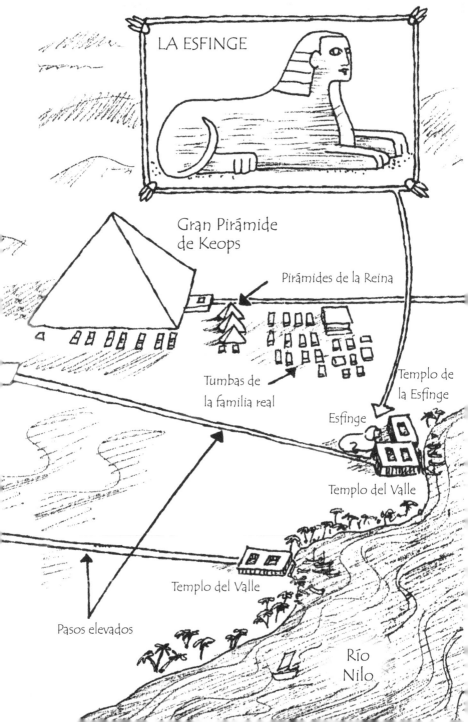

LA ESFINGE

Gran Pirámide
de Keops

Pirámides de la Reina

Tumbas de
la familia real

Templo de
la Esfinge

Esfinge

Templo del Valle

Templo del Valle

Pasos elevados

Río
Nilo

La pirámide más grande pertenecía a un faraón llamado Keops. Aproximadamente 100,000 obreros la construyeron, trabajando durante veinte años. El cuerpo del faraón se puso en las profundidades, en una cámara secreta.

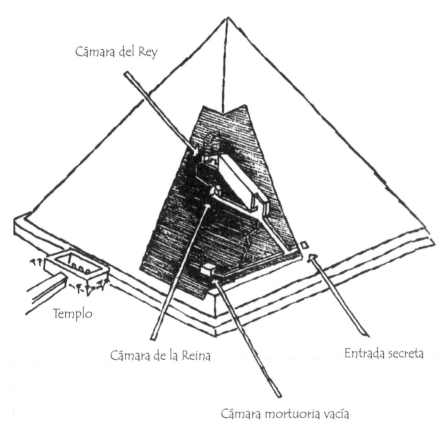

Cámara del Rey

Templo

Cámara de la Reina

Entrada secreta

Cámara mortuoria vacía

En la antigüedad, se sabía que había un tesoro sepultado con el cuerpo del faraón. Lamentablemente, las pirámides eran saqueadas. Los ladrones se llevaban los objetos que supuestamente eran para uso del faraón en la otra vida.

Por eso, los faraones comenzaron a construir tumbas secretas, a las que no pudieran llegar los ladrones. Las hicieron en lugares subterráneos secretos, con todo tipo de trampas.

En algunas tumbas pusieron enormes bloques de piedra sobre la entrada. Si se abría la puerta, la piedra caería sobre el ladrón, matándolo. En el interior había falsas habitaciones para confundir a los ladrones, y algunas losas del piso se caían cuando alguien las pisaba, enviando al intruso a buscar la muerte al final de un profundo pozo.

Pero toda la planificación y todas las trampas no detuvieron el saqueo de las tumbas. Los ladrones siempre se las arreglaban para llegar hasta ellas. Entraban y se llevaban las riquezas.

Antes de que Howard Carter encontrara la tumba de Tut, en 1922, se creía que todas las tumbas de faraones que existían se habían ya encontrado y saqueado. Fue por esto que este descubrimiento fue tan importante. Hasta entonces, los fabulosos tesoros de los faraones no habían sido más que *leyendas*. Ahora, había pruebas reales.

Las leyendas eran ciertas.

LAS PIRÁMIDES

La forma de una pirámide era muy importante para los antiguos egipcios. Creían que el faraón ascendía al cielo en los rayos del sol. La figura de la pirámide era un símbolo de los rayos del sol, que el faraón usaría para subir hacia la otra vida. De igual importancia era la ubicación de la pirámide. Tenía que estar debajo de las estrellas más importantes.

La primera pirámide se construyó en el año 2611 A.C. para un faraón llamado Zoser. Tenía 6 niveles que se elevaban como los peldaños de una escalera.

LA PRIMERA PIRÁMIDE QUE SE HIZO SIN PELDAÑOS, LLAMADA "LA PIRÁMIDE DOBLADA", SE CONSTRUYÓ UNOS 30 AÑOS MÁS TARDE PARA OTRO FARAÓN. NO ERA MUY ALTA, Y SU ÁNGULO CAMBIÓ DURANTE LA CONSTRUCCIÓN, Y POR ESO QUEDÓ COMO "DOBLADA".

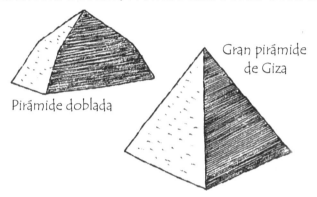

Gran pirámide de Giza

Pirámide doblada

UNOS 50 AÑOS DESPUÉS SE CONSTRUYÓ LA MÁS GRANDE DE LAS PIRÁMIDES DE GIZA. PARA HACERLA SE USARON ALREDEDOR DE DOS MILLONES DE BLOQUES DE PIEDRA DE HASTA UNAS 15 TONELADAS CADA UNO. ¡LA CONSTRUCCIÓN DE LAS TRES PIRÁMIDES DURÓ MÁS DE 80 AÑOS!

DURANTE MUCHO TIEMPO SE CREYÓ QUE LAS PIRÁMIDES HABÍAN SIDO CONSTRUIDAS POR ESCLAVOS, A QUIENES SE OBLIGABA A TRABAJAR. EN REALIDAD, LOS OBREROS ERAN CONTRATADOS PARA EL TRABAJO, E INCLUSO HABÍA UNA GRAN ALDEA CERCA DE LA OBRA, DONDE LOS TRABAJADORES VIVÍAN CON SUS FAMILIAS. HABÍA HASTA UN DOCTOR, EN CASO DE QUE ALGÚN OBRERO TUVIERA UN ACCIDENTE.

Capítulo 6
Las momias

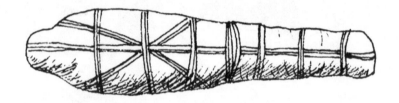

Alimentos y muebles, ropa y joyas. Todas éstas eran cosas que se iban a usar y disfrutar después de la muerte. Pero lo más importante de todo lo que una persona iba a necesitar en la otra vida era su propio cuerpo.

Se creía que el espíritu regresaba una y otra vez al cuerpo. Por eso, los egipcios aprendieron a conservar los cadáveres. Su objetivo era evitar que se pudrieran. Querían que durara el mayor tiempo posible.

Lo que hacían era secar el cuerpo. Lo convertían en una momia. Con el paso de los siglos, los antiguos egipcios se fueron convirtiendo en verdaderos expertos en el arte de hacer momias.

Inmediatamente después de la muerte de Tut, su cuerpo fue llevado en bote por el río Nilo. Unos sacerdotes, que eran los encargados de convertir el cuerpo en una momia, lo esperaban.

Reina

Tutankamón

BARCAZA FUNERARIA

Todo el proceso tomó unos 70 días, de principio a fin. Primero, abrieron el cuerpo. Le sacaron todos los órganos, excepto el corazón. Los egipcios creían que en el corazón era donde se guardaban todos los pensamientos y la sabiduría. El espíritu de Tut iba a necesitar su corazón en la otra vida. Por eso, lo dejaron en su cuerpo.

Los sacerdotes sacaron los pulmones, el hígado, el estómago y los intestinos. Los colocaron en vasijas especiales, separados. Cada órgano era protegido por un dios distinto. Al final, estas vasijas se pusieron en la tumba, junto con la momia.

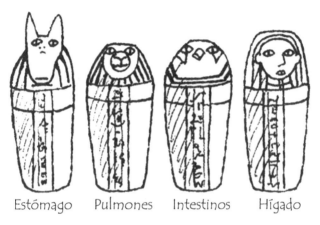

Estómago   Pulmones   Intestinos   Hígado

Para los egipcios, el cerebro no era muy útil. De manera que a Tut le sacaron el cerebro por la nariz con un gancho muy delgado, ¡y luego lo echaron a la basura!

Gancho para remover el cerebro

El cuerpo de Tut, secándose en natrón.

Después de todo esto, el cuerpo vacío de Tut quedó listo para ponerse a secar. Los sacerdotes usaron una sal llamada *natrón*. El cuerpo de Tut estuvo metido en natrón durante unos 40 días. Lentamente, la sal fue sacando toda el agua del cuerpo. La piel se puso dura y seca, como el cuero.

Para mantener la forma del cuerpo, lo rellenaron con trapos perfumados. Entonces, quedó listo para ser envuelto en yardas y yardas de una tela blanca y fina. Los sacerdotes oraban mientras envolvían la momia del faraón. Estuvieron envolviéndolo durante 15 días. Entre capas de tela, ponían pequeños amuletos de la buena suerte.

Sacerdotes envuelven el cuerpo de Tut.

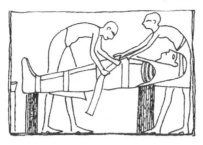

Muchos de los amuletos eran de oro y piedras de diversos colores y tamaños. Algunos tenían forma de corazón. Otros tenían forma de escarabajos. Otros parecían pequeños ojos. Se supone que mantenían a los espíritus malvados alejados de Tut.

Cuando terminaron de envolver el cuerpo, le untaron a la tela una sustancia parecida al pegamento. Una vez seco, el envoltorio se endureció, quedando como una concha que protegía a la momia. Con esto, la momia de Tut quedó lista para el funeral.

Momias de animales

Los egipcios también hacían momias de animales como perros, gatos, aves, peces, mandriles, ¡y hasta toros e hipopótamos! Lo hacían por diferentes razones. A veces, momificaban un ave, o la articulación de una vaca, y la ponían en una tumba para que le sirviera de alimento al muerto en la otra vida. En algunos casos, las personas no querían dejar a sus mascotas al morir, así que momificaban sus perros, gatos y hasta gacelas.

perro

gacela

ibis (ave)

cocodrilo

Los egipcios creían que algunos dioses podían aparecerse con forma de animales. Por ejemplo, la diosa Bastet a veces se aparecía como un gato. Por eso, momificaban a los gatos para rendirle homenaje a esta diosa. En un templo dedicado a Bastet se encontraron miles de momias de gatos.

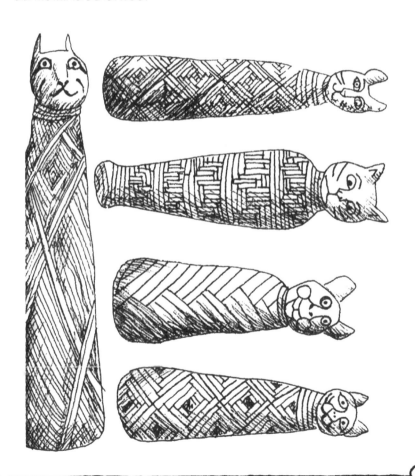

Capítulo 7
El Valle de los Reyes

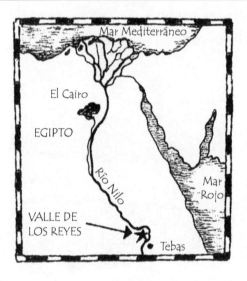

El día del entierro de Tut, una larga procesión de barcos llenos de gente siguió su ataúd a lo largo del río Nilo. Al desembarcar, pusieron su ataúd (que en realidad eran tres, uno dentro de otro) sobre un trineo que lo llevó a un cementerio real. Estaba en una zona polvorienta y desolada, al oeste del Nilo, llamada el Valle de los Reyes. En algunas fotografías, parece como una pirámide que se ha formado de manera natural, con piedras. Allí estaban enterrados muchos otros faraones, así que el lugar era custodiado día y noche por sacerdotes. Cerca de allí, había otro cementerio, el Valle de las Reinas, donde se enterraba a reinas y a otros miembros de la corte.

Los sacerdotes encabezaban la procesión hacia el Valle de los Reyes. Iban entonando cánticos y orando. Uno de los sacerdotes llevaba puesta una máscara con la cara de un perro. Era el representante de Anubis, el dios de las momias.

La joven esposa de Tut también caminaba cerca del ataúd. La seguía un grupo de mujeres que lloraban, gemían y se rasgaban las vestiduras. Eran las plañideras; estaban allí para expresar la tristeza de todos por la muerte de Tut.

Detrás de las plañideras iban cientos de sirvientes, cargando los muebles, los alimentos y todas las otras cosas que se iban a poner dentro de la tumba.

También llevaban pequeñas estatuas de personas vestidas como sirvientes. Se creía que estas estatuas cobraban vida una vez que eran puestas en la tumba. De esta manera, el rey muerto tendría a todos los sirvientes que se necesitaban para atenderlo.

Algunas de las estatuas de sirvientes de Tut

Al llegar a la entrada a la tumba, la momia del faraón fue colocada en posición vertical para una ceremonia muy importante llamada "La apertura de la boca". Un sacerdote tocó los ojos, la boca y los oídos de la momia mientras se decía una oración. Se creía que con, este acto mágico, el faraón regresaría a la vida. Podría volver a hablar, a ver y a oír.

Lo único que faltaba por hacer en ese momento era colocar al faraón en su tumba. La momia fue

puesta de nuevo dentro de sus ataúdes y depositada dentro de una enorme caja de piedra que se escondió en el fondo de la tumba. Luego, sellaron la entrada con una pila de rocas.

A continuación, se realizó una gran fiesta para expresar la alegría de todos por su rey muerto.

El faraón estaba a punto de entrar en la Tierra de los Muertos, donde viviría feliz para siempre. Estaban seguros de que la momia de Tut estaría escondida en un lugar seguro por toda la eternidad.

Pero estaban equivocados.

Capítulo 8
La "momiamanía"

Los saqueadores antiguos no eran los únicos que asaltaban las tumbas en Egipto.

En el siglo XIX, viajeros de diferentes países europeos comenzaron a visitar Egipto. Ya no existía el antiguo imperio. Las antiguas creencias habían desaparecido. La escritura con dibujos extraños (jeroglíficos) era un misterio para el mundo.

Sin embargo, muchos turistas visitaban las pirámides y la Esfinge. Navegaban por el Nilo para ver las ruinas de viejos templos y estatuas gigantes. Y querían llevarse un recuerdo a casa. Muchas veces, ¡se llevaban una momia entera! Quizás la ponían en un cuarto especial de su casa destinado a los recuerdos de los viajes. Quizás terminaban donándosela a algún museo. O es posible que decidieran desenvolverla para ver su contenido.

Se hacían "fiestas de desenvolvimiento". En Londres, un lord inglés envió en una ocasión tarjetas de invitación impresas que decían "Se desenvolverá una momia traída de Tebas a las dos y media".

En Berlín, un príncipe alemán desenvolvió una momia sobre su mesa de billar. Si alguien no tenía el dinero para comprar su propia momia, se podía juntar con otros para comprar una en grupo. Algo así hicieron unos alemanes. Cada uno tenía un certificado. ¡Era como tener acciones de una momia!

Un italiano montó un negocio de buscar y vender momias. Se llamaba Giovanni Belzoni. Solía usar un ariete para derribar la entrada a las tumbas. Una vez tuvo un accidente entrando a una tumba. Comenzó a avanzar en la oscuridad alumbrándose con una antorcha. Mientras buscaba un lugar para sentarse, fue a dar encima de un montículo de momias. "Quedé hundido en una gran pila de pedazos de momias, huesos, trapos y cajas de madera, de donde salía una nube de polvo tan espesa que me inmovilizó durante casi un cuarto de hora."

Es terrible oír historias como ésta, en las que los muertos de la antigüedad son tratados así… sólo para que alguien se pueda hacer rico rápidamente.

Claro que no todos los buscadores de momias iban tras el dinero. Muchos tenían un interés genuino en aprender más sobre el antiguo Egipto, sobre cómo era la vida en aquella época. Las personas que buscan objetos que nos den información sobre el pasado se llaman arqueólogos.

La caída de un imperio

Los historiadores han sugerido diferentes fechas como posibles momentos en que terminó el gran imperio del antiguo Egipto. Algunos dicen que el "antiguo Egipto" desapareció antes del año 30 a.C. Para esa época, había sido invadido muchas veces por otros países.

Algunos "extranjeros" famosos gobernaron Egipto y se convirtieron en faraones. Por ejemplo, Alejandro Magno les quitó a los persas el poder sobre Egipto. Los egipcios consideraban un héroe a este gran soldado griego. Después de la muerte de Alejandro, uno de sus generales, Ptolomeo I, tomó el poder.

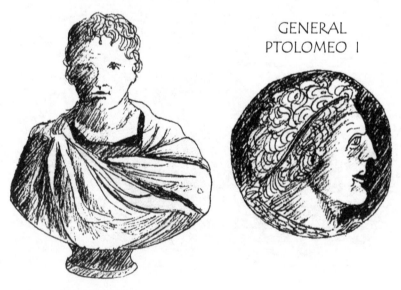

GENERAL PTOLOMEO I

ALEJANDRO MAGNO

CLEOPATRA

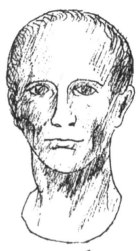

JULIO CÉSAR

QUIZÁS HAS OÍDO HABLAR DE CLEOPATRA. FUE UNA REINA DE EGIPTO QUE VIVIÓ ENTRE LOS AÑOS 69 Y 30 A.C. DURANTE SU REINADO, LOS ROMANOS INVADIERON EGIPTO. JULIO CÉSAR ERA EL EMPERADOR DEL IMPERIO ROMANO. CLEOPATRA PENSÓ QUE SI TENÍA UN HIJO DE JULIO CÉSAR, PODRÍA TENER MÁS PODER. PERO SU PLAN NO FUNCIONÓ. LOS ROMANOS CONTINUARON EN EL PODER. EN MENOS DE CIEN AÑOS, LAS ANTIGUAS COSTUMBRES EGIPCIAS HABÍAN DESAPARECIDO. LOS JEROGLÍFICOS SE CONVIRTIERON EN UNA "LENGUA MUERTA". LES CORRESPONDERÍA A LOS ARQUEÓLOGOS REVELAR LOS SECRETOS DEL PASADO.

Al final del siglo XIX ya se habían encontrado muchas tumbas de faraones. El problema era que estaban vacías. Todos los arqueólogos soñaban con encontrar alguna que no hubiera sido saqueada. Para algunos, era un sueño imposible. No creían que quedara ni una sola tumba con sus tesoros. Prácticamente el único que creía que esto fuera posible era Howard Carter.

Capítulo 9
Howard Carter

Howard Carter nació en Inglaterra en 1874. Su padre era un artista que pintaba animales. Carter realizó su primer viaje a Egipto cuando tenía apenas 17 años de edad. Viajó con un grupo de exploradores

que querían estudiar la Amarna de Amenhotep.
Carter hizo dibujos de las ruinas de aquella ciudad.
Durante un tiempo, ganó dinero vendiéndoles a los
turistas pinturas de monumentos famosos. En total,
Carter vivió 17 años en Egipto.

Cuanto más tiempo pasaba allí, más se interesa-
ba en la arqueología. Llegó a estar convencido de que
todavía quedaba la tumba de algún faraón intacta, y
se propuso encontrarla.

Realizó sus exploraciones en el Valle de los Reyes, en la ribera oeste del río Nilo, cerca de la moderna ciudad de Luxor.

Las antiguas tumbas se habían construido en la profundidad de las rocas. Largos pasillos conducían a las sepulturas.

Carter iba a necesitar mucho dinero y un gran equipo humano si en realidad quería encontrar una tumba escondida.

Al comienzo, algunos estadounidenses dieron dinero para la excavación (así se llaman los hoyos que abren los arqueólogos en un terreno). Después, en 1907, un inglés, Lord Carnarvon, decidió ayudar a Carter.

LORD CARNARVON

HOWARD CARTER

A Lord Carnarvon le encantaban los caballos y los carros. Fue por primera vez a Egipto únicamente por recomendación de sus médicos. Carnarvon tenía dolencias por un accidente que había tenido, y el clima cálido y seco de Egipto era muy bueno para su salud.

Al llegar a Egipto, comenzó a interesarse en la larga historia de ese país. El dinero que Carnarvon le dio a Carter le sirvió a éste para excavar en el Valle de los Reyes durante muchos años.

TUMBAS DE FARAONES
EN EL
VALLE DE LOS REYES

✖ = tumbas de faraones

Río Nilo ➔

Templo

TUMBA DE TUT

Howard Carter concentró sus excavaciones en un área específica. Estaba seguro de que allí había sido sepultado Tut. Creía que los ladrones no lo habían encontrado porque estaba en una parte baja del cementerio. Es probable que una inundación hubiera destruido toda señal que condujera a la entrada.

Pero muchos otros arqueólogos pensaban que no era un buen lugar para buscar. Cerca de allí se había encontrado la tumba vacía de otro faraón. Era poco probable que hubiera dos tumbas de faraones tan cerca una de la otra.

Sin embargo, Carter nunca dejó de creer que ese era el lugar correcto. En una ocasión, encontraron una taza. Otro día, hallaron unas delgadas hojas de papel de oro. Todas estas cosas tenían el nombre de Tut grabado en jeroglíficos.

TUMBA DE RAMSÉS VI

Cámara mortuoria

La tumba de Ramsés estaba justo encima de la tumba de Tut. ¡Por eso era tan difícil encontrarla!

Año tras año, Carter y su equipo siguieron excavando. De repente, encontraron algo duro. Todos se emocionaron. Pero lo que habían encontrado no era sino unas chozas antiguas de obreros.

Después de aquello, Lord Carnarvon decidió que había llegado la hora de parar las excavaciones.

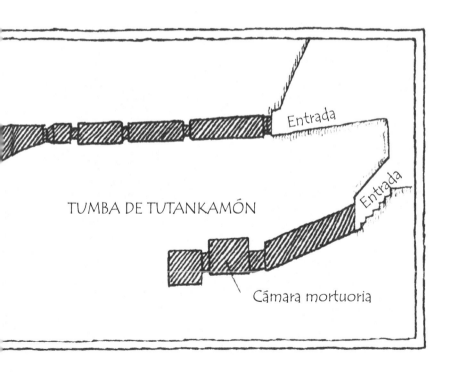

Entrada

Entrada

TUMBA DE TUTANKAMÓN

Cámara mortuoria

¿Por cuánto tiempo más podrían seguir buscando? Pero Howard Carter le rogó que continuaran un poco más. Quizás, de pronto, había algo debajo de aquellas chozas de piedra…

En noviembre de 1922 se reanudaron las excavaciones. Al cabo de unos días, se encontraron con un peldaño. No parecía ser algo importante, pero se dieron cuenta de que la hendidura penetraba en la roca, igual que en las tumbas de los faraones.

Lo más sorprendente era que luego de ese peldaño encontraron otro, y otro más. Howard y su equipo encontraron una escalera que llevaba a una puerta.

¿Qué había al otro lado de la puerta?

Todos querían abrir la puerta de inmediato, pero Howard Carter pensó que no era justo hacerlo si Lord Carnarvon no estaba allí con ellos. Carnarvon estaba en Inglaterra. Howard Carter decidió decirle a su equipo que debían esperar a que regresara.

Por supuesto, Carnarvon viajó a Egipto tan pronto como recibió la noticia. Hoy en día, el viaje en avión de Londres a El Cairo dura unas cinco horas. En aquella época no había muchos aviones. ¿Cuánto tiempo le tomó a Lord Carnarvon llegar hasta donde estaban Carter y su equipo? ¡Dos semanas!

Al fin llegó Lord Carnarvon. Su hija llegó con él. Howard Carter estaba listo para ver lo que había al otro lado de la puerta.

LORD CARNARVON

Su nombre completo era George Edward Stanhope Molyneux Herbert, Quinto Conde de Carnarvon. ¡Casi nada! Era un aristócrata inglés muy rico, nacido en 1866, que patrocinó las excavaciones de Carter hasta que se encontró la tumba de Tut, en 1922. Lord Carnarvon murió repentinamente unos meses después del hallazgo. La causa de su muerte fue probablemente una picadura de mosquito, pero muchos creían que en realidad había sido víctima de "la maldición de Tutankamón". Estaban convencidos de que había muerto por haber perturbado la tumba del Faraón. Su muerte desató muchos rumores acerca de otras "maldiciones de momias".

Capítulo 10
Oro por todas partes

Cuando abrieron la puerta de piedra, encontraron un camino lleno de rocas y piedras al final del cual había otra puerta. Howard Carter abrió un hueco en la puerta y se alumbró con una vela para poder ver en medio de la oscuridad.

¿Qué fue lo que vio? Carter describió de esta manera lo que vio aquel día, según él, "el mejor día de mi vida, el más maravilloso que he vivido":

"Al principio, no podía ver nada... Pero muy pronto, cuando mis ojos se acostumbraron a la luz, comenzaron a emerger lentamente los detalles en

medio de la oscuridad: animales extraños, estatuas y oro; de todas partes salían destellos de oro... Me quedé pasmado del asombro".

Lord Carnarvon y su hija estaban allí en el oscuro corredor, y también otro amigo de Carter. Carnarvon le preguntó a Carter: "¿Puedes ver algo?". Howard Carter respondió: "Sí, cosas maravillosas".

El sueño de Howard Carter se había convertido en realidad. Había encontrado lo que estaba buscando: la tumba del rey Tut.

¿Cuáles fueron algunas de las cosas maravillosas que vio en ese primer momento?

Había dos carrozas volcadas, un trono, tres grandes sofás con el marco grabado con figuras de bestias, una cama con un colchón de lino. Había estatuas de reyes de tamaño real. Las cosas estaban apiladas por todas partes… Había floreros y bastones de diferentes

formas y tamaños. Había una caja con los instrumentos de afeitar del rey. En otras cajas había carne, para que el rey comiera.

A la derecha del gran tesoro, Howard Carter vio otra puerta. ¿Qué significaba aquello? ¡Había más habitaciones! ¡Había más tesoros!

La primera habitación era la antecámara. Al día siguiente, regresaron Carter, Carnarvon y su hija, trayendo esta vez lámparas eléctricas. Querían observar mejor todas las cosas.

En una pared había un agujero. Carter se asomó y vio otra habitación, a la cual llamaron "Anexo". Allí había muchas más cosas que en la antecámara. Había objetos más pequeños, como jarrones y juegos de mesa. Todo estaba tirado por el suelo. Howard Carter llegó a la conclusión de que, efectivamente, unos ladrones habían entrado a la tumba mucho tiempo antes. Pero no había manera de saber qué se habían llevado.

Tesoros del Anexo

modelo de un bote
de alabastro

cabra
salvaje

león

En total había cuatro habitaciones en la tumba, que estaban dispuestas de esta manera:

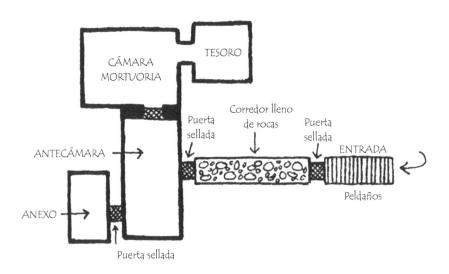

A otra pequeña habitación le dieron el nombre de "Tesoro". Allí estaban, entre otras cosas, el cofre que contenía las vasijas con las vísceras de Tut y los dos ataúdes pequeños con las momias de las bebés. La habitación más importante era la cámara mortuoria. Era donde reposaba la momia de Tut. Pero no sabían si hasta allí habían llegado a entrar los ladrones.

Capítulo 11
El encuentro con el Rey

El rey Tut había tenido suerte. Hasta el momento en que Howard Carter entró en su cámara mortuoria, nadie había perturbado su sepultura. Nadie había visto su momia en 3,000 años.

Lo primero que Carter vio en la cámara mortuoria fue un enorme armario de oro. Adentro había una gran caja de piedra, y dentro de ésta, el ataúd externo que contenía la momia. Los tres hermosos ataúdes de la momia encajaban uno dentro de otro en forma muy ajustada. El de más adentro era de oro sólido, más de 200 libras de oro.

LA MOMIA Y SUS TRES ATAÚDES ENCAJADOS

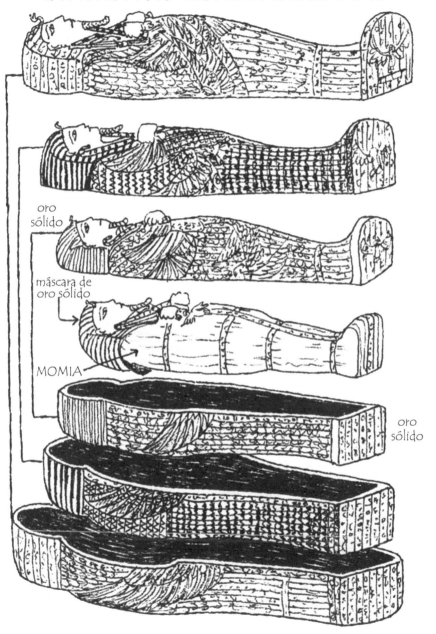

oro
sólido

máscara de
oro sólido

MOMIA

oro
sólido

Cuando Howard Carter levantó la tapa de este ataúd, allí estaba: la momia del rey envuelta en tela. Carter retiró la máscara de oro que le habían puesto. La describió como una de las obras de arte más hermosas que había visto en su vida.

Luego, con mucho cuidado, comenzó a quitar tiras de tela. Era el momento más emocionante de todos: su encuentro, cara a cara, con Tut. El rostro del faraón aún se veía joven, tranquilo y en paz.

Junto al ataúd había un bello cofre hecho de una piedra blanca llamada *alabastro*. Dentro estaban las vasijas que contenían los órganos del faraón que los sacerdotes habían sacado de su cuerpo hacía mucho tiempo atrás. Cada vasija tenía un tapón con la cabeza de un dios.

Los tesoros de la tumba de Tut se enviaron a un museo de El Cairo, Egipto. Todo, excepto la momia, la cual Howard Carter no envió. La dejó en la cámara mortuoria real, donde debía estar. Y allí descansa todavía… en paz.

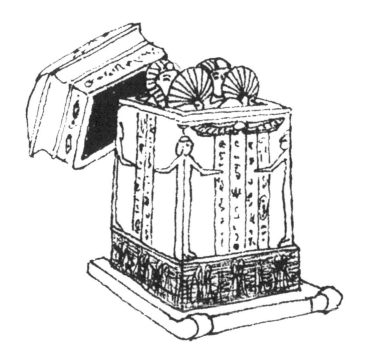

Capítulo 12
La leyenda sigue viva

Al poco tiempo de haberse descubierto la tumba del rey Tut, comenzaron a contarse historias de miedo. Historias que hablaban de maldiciones. A la entrada de muchas tumbas del antiguo Egipto había advertencias escritas en jeroglíficos. Estas inscripciones le advertían a la gente que se mantuviera alejada de las tumbas. Decían que quien se atreviera a entrar pagaría por ello.

Lord Carnarvon murió a los pocos meses de haberse abierto la tumba. Una grave picadura de mosquito parece haber sido la causa de su muerte.

Sin embargo, muchos creían que era por una maldición. Era la venganza de Tut. Si eso fuera cierto, ¿no debería estar Tut más enojado con Howard Carter? Carter vivió hasta 1939, y murió de muerte natural.

Para algunas personas, las historias sobre maldiciones aumentan el misterio que hay alrededor del antiguo Egipto. Les encanta asustarse. Es por ello que las películas de terror sobre momias son tan populares.

El antiguo Egipto era un mundo muy diferente al nuestro. Pero era un mundo pacífico. Estaba lleno de belleza. Los antiguos egipcios amaban tanto la vida que deseaban que continuara para siempre.

Esto es lo que deben recordar quienes tengan la suerte de ver alguna vez las preciosas pertenencias que se encontraron en la tumba del rey Tut.

La larga historia del antiguo Egipto

Los historiadores dividen el antiguo Egipto y el gobierno de los faraones en períodos llamados reinos. El Reino Antiguo, que se inició en el año 2575 a.C. (hace más de 4,500 años) duró unos 400 años. El Reino Medio comenzó en 1975 a.C. y duró más de 300 años. El Nuevo Reino transcurrió entre los años 1539 a.C. y 1075 a.C. El rey Tut gobernó en este período.

Entre estos períodos principales, hubo épocas en las que Egipto no era un imperio organizado regido por un faraón. Los historiadores llaman "períodos intermedios" a estas épocas.

Durante reinos y períodos intermedios hubo "dinastías", que identifican el tiempo en que una familia específica estuvo en el poder. En una dinastía por lo general se sucedían varios reyes. Durante el Nuevo Reino, Tut fue el duodécimo rey de la decimoctava dinastía.

Durante el Período Tardío (715 a 332 a.C.), Egipto fue gobernado por varios países y perdió gran parte de su poder. Luego siguió el Período Greco-Romano (de 332 a.C. a 395 d.C.). Finalmente, en el año 30 a.C. Egipto se convirtió en una provincia del Imperio Romano. No volvió a existir un rey egipcio hasta más de 1,500 años después, en el siglo XIX de nuestra era.

Línea cronológica de Egipto y de la vida del rey Tutankamón

c. 5000 a.C.	Se forman los primeros asentamientos egipcios a lo largo del río Nilo.
3000 a.C.	Se unen los reinos del Alto Egipto y Bajo Egipto.
3100 a.C.	Evidencia más antigua de jeroglíficos.
c. 2500 a.C.	Se construye la Gran Esfinge en Giza.
2600 a.C.	Se inicia la construcción de las pirámides de Giza.
1550 a.C.	Se inicia la construcción del templo de Karnak.
1504 a.C.	Hatshepsut se convierte en la primer mujer faraón.
1380 a.C.	Se construye el templo de Luxor.
1352 a.C.	Se inicia el reinado de Amenhotep.
1343 a.C.	Nace Tutankamón.
1336 a.C.	Muere Amenhotep; Tut se convierte en rey.
c. 1325 a.C.	Muere el rey Tut aproximadamente a los 19 años de edad.
1325 a.C.	El visir se convierte en rey tras la muerte de Tut.
c. 1100 a.	Se separan los reinos del Alto Egipto y Bajo Egipto.
332 a.C.	Alejandro Magno conquista Egipto.
196 a.C.	Se graban las inscripciones de la piedra de Rosetta.
30 a.C.	Egipto se convierte en parte del Imperio Romano.
969 d.C.	Se establece El Cairo como capital de Egipto.
1953 d.C.	Egipto se convierte en una república.

LÍNEA CRONOLÓGICA
DEL MUNDO

Aparecen en Mesopotamia las primeras aldeas con casas de ladrillos hechos de barro. — **5000 a.C.**

Se usan pictogramas para registros administrativos en Mesopotamia. — **3500 a.C.**

Aparecen los primeros vehículos con ruedas. — **3200 a.C.**

Se inicia la Era de Bronce en Europa. — **2000 a.C.**

Se comienza la construcción de Stonehenge en Gales, Gran Bretaña. — **c. 1860 a.C.**

Gobiernan los primeros reyes de Babilonia. — **1830 a.C.**

Moisés huye de Egipto. — **1487 a.C.**

Comienza la Era de Hierro en África Oriental. — **1400 a.C.**

Se inicia la construcción de la Gran Muralla China. — **770 a.C.**

Se llevan a cabo los primeros Juegos Olímpicos en Grecia. — **776 a.C.**

Se termina la Gran Muralla China. — **476 a.C.**

Se construye el Partenón en lo que ahora es Atenas, Grecia. — **438 a.C.**

Egipto es gobernado por Bizancio. — **395 d.C.**

Egipto se convierte al islam. — **641 d.C.**

Jean-François Champollion traduce la piedra de Rosetta. — **1822 d.C.**

Nace Howard Carter en Inglaterra. — **1874 d.C.**

Howard Carter descubre la tumba del Rey Tut. — **1922 d.C.**

¿Quién fue Albert Einstein?

¿Quién fue Amelia Earhart?

¿Quién fue Ana Frank?

¿Quién fue Benjamín Franklin?

¿Quién fue Fernando de Magallanes?

¿Quién fue Harriet Tubman?

¿Quién fue Harry Houdini?

¿Quién fue Mark Twain?

¿Quién fue el rey Tut?

¿Quién fue Tomás Jefferson?